Aprender a leer. Mis primeras sílabas y palabras. Volumen 2
D. Carlini

© 2016, D. Carlini
ISBN: 978-1539437437

Ilustración de portada: Clara Spinassi

APRENDER A LEER

Mis primeras sílabas y palabras

VOLUMEN 2

Sobre la colección

La lectura es una herramienta esencial para el desarrollo de nuestros hijos y, por ello, incentivar y ayudar al niño a aprender a leer es el mejor regalo que podemos hacerle durante sus primeros años de vida.

La colección **Aprender a leer** pone a disposición de padres y equipos docentes el material necesario para garantizar el progreso del niño, desde sus primeros pasos hasta la lectura fluida.

Los diferentes volúmenes que conforman la colección combinan, desde un enfoque holístico, moderno y divertido, lo mejor de los métodos de introducción a la lectura más ampliamente contrastados (sintético y analítico o global), facilitando el aprendizaje y gusto por la lectura del niño.

El objetivo de la colección no es otro sino que el niño consiga leer con fluidez y soltura palabras formadas por cualquier sílaba, comprendiendo inmediatamente su significado.

Aunando el tradicional método silábico con el trabajo con imágenes y palabras completas, nuestro sistema facilita los mecanismos necesarios para que el niño progrese rápidamente en el proceso lector al tiempo que refuerza la comprensión de conceptos. Esta aproximación permite comenzar la enseñanza de la lectura con nuestro sistema a niños de edades comprendidas entre los 3 y los 6 años.

Haber ayudado en sus primeros pasos a miles de pequeños lectores en todo el mundo es, sin duda, nuestro mayor éxito.

Esperamos que, con nuestra modesta contribución, sus hijos sean los siguientes.

Cómo usar esta guía

Aprender a leer es un proceso que puede ser largo. La regularidad y constancia es un requisito imprescindible y por ello aconsejamos practicar unos minutos cada día.

Igual de importante que la constancia en el ejercicio es su componente lúdica: el niño debe percibir el proceso de aprender a leer como un juego, como un momento divertido que sus padres o educadores comparten con él.

El trabajo debe plantearse en todo momento desde la sensación de éxito: el niño debe sentir que cada día aprende algo nuevo o domina mejor lo ya aprendido. Si se da cuenta de que va ganando pequeñas batallas, ganará la guerra. Desde este punto de vista, el refuerzo positivo (*"lo has hecho muy bien"*, *"enhorabuena"*) es esencial.

Las correcciones (inevitables a lo largo del proceso) deben realizarse desde la paciencia. Un pequeño gesto facial del padre o profesor, un carraspeo o un *"no te he oído bien ¿puedes repetirlo?"* serán ayudas más que suficientes para que el niño actúe con más atención. Conviene que el adulto evite expresiones como: *"eso está mal"* o *"¡no!¡así no es!"*; pudiendo sustituirlas, por ejemplo, por indicaciones como: *"¿estás seguro?"*, *"¡fíjate otra vez!"* o *"¡míralo despacio!"*.

Nuestro método introduce frecuentes etapas de revisión. Estos pequeños pasos facilitan el progreso del niño consolidando lo aprendido y asentando cimientos seguros y firmes sobre los que se apoyarán los progresos y las dificultades de mayor grado que se abordarán posteriormente. Resultan por tanto imprescindibles para garantizar el avance del niño y deberemos dedicar el tiempo y atención que requiere completarlos adecuadamente.

Nuestras guías presentan sus contenidos tanto en letra cursiva enlazada (utilizada habitualmente en textos infantiles) como letra de imprenta no enlazada. Nuestro consejo es que en la iniciación del método se utilice un solo tipo de letra hasta que el alumno tenga soltura y que se utilice el tipo de letra de uso habitual en su propio contexto cultural y educativo.

En este segundo volumen de la colección **Aprender a leer** el niño trabajará con un nuevo conjunto de sílabas directas de dos letras. Junto a las recogidas en el primer volumen completan un mapa relativamente amplio que permitirán al niño comenzar a leer con soltura sus primeras palabras.

Cada sesión de trabajo (diaria a ser posible) no debería superar los 10 o 15 minutos. El desarrollo de cada sesión es sencillo:

- Dedique los primeros instantes de la sesión a revisar lo visto en jornadas anteriores.

- Pida al niño que identifique una a una las letras que forman cada una de las palabras presentadas. Ayúdele a crear las sílabas ("*la M con la A, MA*") y a partir de las sílabas la palabra completa ("*MA con NO, MA-NO*"), apoyándose en la ilustración para reforzar la asociación con el significado de la palabra.
- Una vez leída la palabra, insista una vez más en la construcción de la sílaba señalada en color rojo.
- Una vez terminada la secuencia de palabras de una página, pídale leer una vez más las sílabas en rojo.
- Dé por terminada la sesión al completar dos páginas.
- Dedique una atención especial a los ejercicios de revisión.

Perseverancia y paciencia son claves para tener éxito en el proceso. ¡Sea constante y observará avances rápidos en muy poco tiempo!

FAMILIA

familia

FEO

feo

FIESTA

fiesta

FOCA

foca

FUEGO

fuego

VACA

vaca

VELA

vela

VINO

vino

VOLCÁN

volcán

VUELA

vuela

Revisión

FA	*fa*	VA	*va*
FE	*fe*	VE	*ve*
FI	*fi*	VI	*vi*
FO	*fo*	VO	*vo*
FU	*fu*	VU	*vu*

N

NA**RANJA**

naranja

NE**VERA**

nevera

NI**DO**

nido

NORIA

noria

NUBES

nubes

ARAÑA

araña

MUÑECO

muñeco

ALBAÑIL

albañil

NIÑO

niño

PAÑUELO

pañuelo

22

Revisión

NA	na		ÑA	ña
NE	ne		ÑE	ñe
NI	ni		ÑI	ñi
NO	no		ÑO	ño
NU	nu		ÑU	ñu

G

GATO

gato

GEMELOS

gemelos

GIGANTE

gigante

GOTA

gota

GUSANO

gusano

JARDÍN

jardín

JERSEY

jersey

JIRAFA

jirafa

JOYA

joya

JUEGOS

juegos

Revisión

GA	ga	JA	ja
GE	ge	JE	je
GI	gi	JI	ji
GO	go	JO	jo
GU	gu	JU	ju

RATÓN

ratón

REGALO

regalo

RISA

risa

32

R

ROSA

rosa

RUEDA

rueda

R

CARA

cara

GORRA

gorra

CORRER

correr

LORO

loro

PERRO

perro

Revisión

RA	*Ra*	_RA	_*ra*
RE	*Re*	_RE	_*re*
RI	*Ri*	_RI	_*ri*
RO	*Ro*	_RO	_*ro*
RU	*Ru*	_RU	_*ru*

Revisión

_RRA _rra

_RRE _rre

_RRI _rri

_RRO _rro

_RRU _rru

¡A leer!

VASO	vaso
FINO	fino
NIÑA	niña
FARO	faro

¡A leer!

CAJÓN   *cajón*

ROJA   *roja*

VELO   *velo*

REMO   *remo*

¡A leer!

NIÑA *niña*

MORA *mora*

CARIÑO *cariño*

REJA *reja*

¡A leer!

GOMA	goma
RIMA	rima
GARRA	garra
DURO	duro